# 오늘이라는 방

**오늘이라는 방**

시산맥 기획시선 137

초판 1쇄 인쇄 | 2024년 9월 5일
초판 1쇄 발행 | 2024년 9월 10일

**지은이**  이정숙
**펴낸이**  문정영
**펴낸곳**  시산맥사
**편집주간**  김필영
**편집위원**  신정민 최연수
**등록번호**  제300-2013-12호
**등록일자**  2009년 4월 15일
**주소**  03131 서울특별시 종로구 율곡로 6길 36. 월드오피스텔 1102호
**전화**  02-764-8722, 010-8894-8722
**전자우편**  poemmtss@naver.com
**시산맥카페**  http://cafe.daum.net/poemmtss

ISBN 979-11-6243-507-6 (03810) 종이책
ISBN 979-11-6243-508-3 (05810) 전자책

값 12,000원

**대전문화재단**

* 이 책은 대전광역시, 대전문화재단의 사업비 일부를 지원 받아 발간되었습니다.
* 이 책은 전부 또는 일부 내용을 재사용하려면 반드시 저작권자와 시산맥사의 동의를 받아야 합니다.
* 이 책은 교보문고와 연계하여 전자북으로 발간되었습니다.
* 본문 페이지에서 한 연이 첫 번째 행에서 시작될 때에는 〈 표기를 합니다.
* 저자의 의도에 따라 작품의 보조 동사와 합성 명사는 띄어쓰기가 달라질 수 있습니다.

# 오늘이라는 방

이정숙 시집

| 시인의 달 |

오직 하나의 사랑이
흰빛으로 섰을 때
한 그루 시였다!

오렌지빛 기다림에
오늘,
너를 만난다

설렘과 떨림
누가 앞솥까?

2024년 가을
이정숙

■ 차례

**1부**

| | |
|---|---|
| 순방향 | 19 |
| 정 | 20 |
| 이상한 하루 | 21 |
| 마감 | 22 |
| 매미의 성 | 24 |
| 목의 징후 | 26 |
| 기지개를 켠다 | 29 |
| 아카시詩 | 30 |
| 음소거 | 32 |
| 일기예보 | 34 |
| 분홍의 말 | 36 |
| 벚꽃 아래서 | 38 |
| 신박한 정리 | 40 |
| 오후가 던진 저녁 | 43 |

## 2부

| | |
|---|---|
| 홍, 시 | 47 |
| 물의 변주 | 48 |
| L에게 | 50 |
| 원점 | 52 |
| 프레스토 | 54 |
| 때때로 나는 | 56 |
| 시애틀 공원 | 58 |
| 말풍선 | 60 |
| 쿠션인 당신 | 62 |
| 우산 속 장마 | 64 |
| 롤러코스터 | 66 |
| 저물녘 | 68 |
| 후회 | 69 |
| 길 | 70 |

## 3부

| | |
|---|---|
| 당신에게 | 75 |
| 그래도 파랑 | 76 |
| 스카프 | 78 |
| 나무의 여자 | 80 |
| 오월 섬 | 82 |
| 장미화 | 84 |
| 일요일 풍경 | 86 |
| 11 페이지 | 88 |
| 들판의 민들레 | 90 |
| 새와 시계 | 92 |
| 단풍이라는 일몰 | 94 |
| 콜드 러브 | 96 |
| 촉석루는 별 | 98 |
| 너는 부재중 | 100 |

# 4부

| | |
|---|---|
| 져녁 눈동자 | 105 |
| 쓸쓸하여, 이름 부르고 싶은 | 106 |
| 의자라는 노트 | 109 |
| 붉은 종점 | 110 |
| 잠잠 | 112 |
| 밤낚시 | 114 |
| 길 없는 길 | 116 |
| 해바라기 | 118 |
| 클릭 | 120 |
| 시, 선 | 122 |
| 무인카페에서 절벽을 보다 | 124 |
| 첫눈 | 127 |
| 지심도 | 128 |
| 은행나무 역 | 130 |

■ 해설 | 권 온(문학평론가, 문학박사)　　133

# 1부

## 순방향


휙휙 지나가는 빈 풍경
휘날리는 눈발보다 더 아름답다

역방향 속 현기증은 과거에 대한 집착
버리고 지으니 모든 것이 자유롭다

되돌아선 들녘은 고스란히
내 등 뒤에 쿠션처럼 붙는다

너를 생각하면

울먹이던 마음 한켠도
동요 없이 편안하게 가고 있다

먼 남쪽 햇볕이 플랫폼에서
손 흔들며 기다려줄 때

고요히 앉아 발그레 피어있을 너와
실컷 물들고 싶다

# 정

곁을 서성이는 당신에게 무겁지도 가볍지도 않게 펼쳐진 길

누구에게나 달려가는 건 아닐 거야

변덕스럽지 않고 곱게 찾아오는 활짝 핀 장미 같은 것

흔하디흔한 공허의 무늬가 아니라

작고 미세해서 마른 골짜기에 잔물결 일렁이게 하고

반듯한 말 하나, 친근한 눈빛이 진솔의 느낌표 달아주는 것

여름 온도로 삶아진 면발처럼 푹 퍼진 마음일 때

시원한 물에 닿을 때처럼 탱탱하고 쫀득해지는 것

누구에게나 다 주는 건 아닐 거야

자꾸 부서지는 모래 해변이 되어도 파도치는 당신 만나러

오늘이라는 작은 상자에 리본을 묶는다

# 이상한 하루

 바깥에서 그림자로 누웠을 때 구름 떼가 상상으로 부풀어진다. 구름에 눕는다면 그곳이 아름다운 벼랑이 될 수 있을까. 꿈에서만 탈 수 있는 것이 한때 구름이라 중얼거렸어. 비행기에 몸을 실었을 때 구름이 보료처럼 깔려있었다. 솜이불같이 불쑥불쑥 솟아있기도 했어. 동그란 눈으로 구름과 눈 맞추고, 캄캄한 밤 밀려와도 결코 눈 감지 않을 것이라며, 손바닥만 한 창에 얼굴을 붙이고 날았다.

 *단단한 의자에 앉은 것이 공중에 기댄 것 같아*

 구름을 잡을 수 있다면 살 것 같다는 구원의 소리를 들은 것 같기도 하고, 여행의 긴 안목으로 너를 만나러 가는 길이 이토록 아슬하고 멀기만 한 걸까. 온몸에 먹구름 덮을 때 만나고 싶어지는 고약한 심정은 무엇일까. 어제와 오늘이 왜 이리 다를 수 있을까. 한결같이 흐르는 물처럼 흐를 수 없는 걸까. 꽃 색에 취해 꽃이 되고 싶어 걷는데 우람한 나무에 눈 박고 서 있고, 그러다 구름 위에서 욕조 속 향기 거품을 전신에 휘감은 채 누운 생각을 한다. 땅 위에 안착하는 바퀴의 궤적 소리와 함께, 그 격한 흔들림으로 내려서서 이국적인 걸음 시작되고, 이제 누운 몸이 아니라 바닥을 딛고 일어나 낯선 곳에서, 너와의 조우를 어떻게 안아야 할까.

# 마감

켰다
껐다
다시 켜고

꺼지지 않는 불빛 아래서
누군가가 나를 쓰고 있다

너는 나인 것 같고
나는 너인 것 같고

타협할 수 없는 시간

머리와 마음 하나 될 수 없고

시간은 바늘 타고 저 멀리

눈부셔 눈 시려
보이지 않는 정체
째각째각 박음질 잘 넘어간다
〈

핑계 대지 마

너는 보이지 않고 소리는 들렸으므로
나는 널뛰듯 출렁거려 또 생각이

깊은 고요에 파묻혀
사물 하나 떠오르지 않는 막막함 너머

아직도 내가 누군지
네가 누군지 분간은 한층 어려워지고

더 이상 참지 못한 채
개듭의 시간은 이제 벽이 되어
넘길 수 없다

## 매미의 성

자장가처럼, 시원한 꿀잠처럼 다정한 이름 껴안고
구르던 시절을 건너 어른이 된 무늬가 어지럽다

밤을 베고 누워도 온갖 빛의 산란으로
눈부신 방 안

망치로 창문 두드리듯
가로등 붙잡고 시끄럽게 퍼붓는 사랑 고백은
포기를 모르는
끝날 줄 모르는
서글픈 사랑일 뿐

애써 창문 닫고 커튼을 치지만
하얗게 시퍼런 빛 세우고 어느새 올가미를 씌운다

하지夏至의 밤에
우두커니 앉아 잃어버린 밤을
차곡차곡 개서 장롱에 쌓아 올린다
모든 빛과 소음을 밀어 넣는 동안

수풀 사이로 불어오는 흰 바람결이 성벽을 두드린다

여기서 나 좀 재워줄래요?

## 목의 징후

좌우로 목을 돌려 보세요
목은 든든합니다

지난번처럼 목도리 털이라는 거죠

미리 조바심 품고 있는 내게
늦가을 외투를 걸치고 다가왔어요

흰 이 드러내며 그가
내 목덜미에
하얀 털목도리를 휘감았고

털북숭이 목도리는
그의 팔처럼 야무지고 온기 가득했죠

그를 만날 때마다
눈발이 날리고
부드럽게 찌르는 것들로
내 코끝은 벌겋게 익어갔죠
〈

그는 무디었지만

나는
연민이 느껴져서 애써 웃으며
더욱 눈 속에 빠져들었죠

하얀 깃털로 마구마구 날아오르는
겨울 숲에서

다정하게 걸으며 긴말 풀어놓고
뜨거운 말들까지 튀어나오고

급기야
후렴처럼 재채기가 달라붙었죠

두 발 동동거릴 때
마음속에서 뾰족이 올라오던 말

다음을 기약하지 말자 했죠
〈

왜 그런지 더는
숲이 되는 것이 내키지 않았으므로

이제 목은 튼튼합니다

## 기지개를 켠다

오전 열 시 늦잠의 징후인지 눈꺼풀이 무겁다. 처지는 기분과 돋을 세우기 위해 창문 열고 기지개를 켠다. 아파트 사이로 즐비하게 서 있는 가로수길을 본다. 햇빛에 손 뻗으며 나무와 꽃이 활짝 기지개를 켠다. 만개한 꽃들이 빈 공중을 꽉 꽉 채운다. 아름다운 창공에 피어난 구름도 기지개를 켠다. 나무는 여름 꿈을 위해 더욱더 창창한 가지를 달고 선 옆으로 위로 세상을 향하여, 높다란 곳에서 다시 밑으로 밑으로 기지개를 켠다. 낮 밤을 일으키며 생동하는 봄. 더 넓은 곳으로 펼치기 위해 강물도 굽었던 허리 펴고 기지개를 켠다. 등나무 아래 앉아있던 바람도 기지개를 켠다. 멀리 있는 고산이 온 것처럼 시원해지는 몸. 홀로 있는 라일락 나무가 내 기지개를 끌고 저녁으로 향한다.

# 아카시詩

향긋한 길이 열리고
조랑조랑 흔들며 하얗게
건네는 손

어디로 가는지 알 수 없지만
그저 이끄는 대로
끝없는 페이지 넘기고 싶을 뿐

풀어진 팔목이
어제의 혼자가 아니라는 걸
너는 알고 있는 것 같아
기회인 듯 더 부풀려
길을 내고 있다

설렘과 두려움이 함께 온다

안갯속 내일이
너의 손안에서 다정스레 펼쳐진다

볼 수 없는 창을 보기 위해

하얀 눈동자 수북이 달고 있다

변주를 반복해도
놓을 수 없다는 것은
놓는 순간
훌쩍 떠난 새처럼
날아갈 수 있다는 것

잠들지 않는 너의 숨결 따라
걷다 보면
밤도 낮이 되고

벼랑길 내민 어둠은 조마조마하여
나무 뒤에 옹송그리다 고요해진다

길들이 머문 플랫폼에서
하얀 상상 맘껏 펼쳐낼 거야

# 음소거

속이
불투명한 건가요
더부룩한 속인가요

그를 만날 때면
번개처럼 의문이 스칩니다

또,
답답증이 스며오네요
검은 소파처럼
젖혀지는 내 모습

알 수 없는 허공같이

얌전한 척
조용한 척

어떤 차이가 있을까요

생각을 반으로 잘라

양옆에 놓습니다

오늘도 서드는 연기처럼 날아가고
입꼬리만 간신히 붙잡은 채
강아지 귀처럼 쫑긋거립니다

머그잔 아메리카노는 바닥 드러내며
마른입으로 채워지는 시간

들어야 할 이야기는 다
어디로 간 걸까요

카페에서
그를 만날 때면

펄럭펄럭 펼치던 내 귀도
접은 귀가 돼버린 듯

나에게
무기력증으로 다가올 뿐입니다

# 일기예보

오늘이라는 방에

너는
나른한 오후가 되어가고
나는
주황빛 파도로 철썩거린다

속을 채워줘야 할 세탁기 텅 비어있고
여기저기 보란 듯이 널린
팔다리 구겨진 냄새가 상승 중이다

저무는 것에 마음 빼앗긴지
오래

서로가 서로를 잊어버리고
밖으로만 돌고 있는 바람

어제는 잠잠
오늘은 기류가 심상치 않다
〈

뭉치는 구름 왜 이리 두통을 우발하는지

가지런한 책들도 삐죽빼죽
그릇 속에서 부아가 터졌는지 쨍그랑

급기야 태풍이 터지려나

적절히 타이밍 맞춘 숨결이 노을로 익어가는 시간

말없이 팔이 움직이기 시작했다

허물어진 것들 제자리 찾아가고

조릿조릿한 소문들은 점점 수그러져 갔다

## 분홍의 말

다홍치마 펼친 듯
사방으로 휘돌고 있는 너

헐렁한 잰걸음으로 지나친다

새하얀 쉬폰을 두른 창

의자에 몸을 기대고
하늘거리는 커튼 지그시 바라보는데
창 너머 분홍 꽃잎이 달싹거린다

*아침 아이 입술처럼*

*안녕이라는 말*

너는 멀리 있으면서
너의 속은 보이지 않으면서

뜬금없이 흰 살결로 툭툭 치며
손목을 감는 것 같아

〈
*한 겹 실루엣은 어쩌면 너의 그늘*

은근한 비침은
어제보다 오늘이 더욱 다정할 수 있을까

화단 곳곳에
크고 작은 비탈길에 유독
불쑥불쑥 놀고 있어

홀로 앉아
가까운 듯 너를 보지만

미열 같은 애증의 눈동자는
커다란 보름달로 흔들린다

# 벚꽃 아래서

사월 초순의 하늘은
온통 당신 얼굴로 벙글거려요
언뜻 보이는 파랑은
마치 한 채의 쉼터 같아 눕고 싶어요
흩날리는 생각은
경쾌한 콧노래로 내려앉아
뒹굴뒹굴 굴러다녀요
더디 가는 햇살은
그늘 속 춤사위를 펼쳐요
서로 몰라 거리 두던
나무와 나무가
오래된 친구처럼
손에 손잡고 마냥 푸르른 날 누리네요
당신과 내가 웃음으로
하나 되어 가는 길목이 보여요
어쩌면 저 길 끝에는
*고흐의 별과 모네의 수련과 비발디의 사계가
뒤섞이겠으나*
그래도 꽃잎 만발한 자리는
무수한 사연들이 생동 있게 출렁거려요

가끔 변덕스러운 바람의 말에
귀 기울이다 시원하게 반해버린
아늑한 오후 세 시
포근히 기댄 가지 사이로
흐르는 꽃그름은
우리가 꾸는 내일의 보금자리일까요

# 신박한 정리

길을 나선 것도 아닌데

단지 집 안에 머물고 있을 뿐인데

힘들고 지칠 때가 있다

부엌에 들어가면 독백이 넘친다

수십 년간 포개진 채 숨 막힌 그릇들
시선 꽉 붙잡는 엔틱 장식장을 보며 오늘은
단단히 마음먹고 품격 떼어내야 해

시작해야 하는데 머뭇머뭇

해가 잿빛 구름과 숨바꼭질한다
늘어지는 생각 다시 세우고 까치발 든다

위에서 아래로 아래로
과감하게 잡는다
〈

켜켜이 쌓여갔던 접시. 여러 해 동안 는 한번 마주치지 않은
각종 컵.
　미련 없이 내보낸다
　오목한 백자는 맛과 향이 고스란히 밴 듯 벚꽃 같은
　문양이 스며있어 정겹다

　부엌의 작은 창이 숨구멍 같아 들숨과 날숨 들락거린다

　뒤꿈치 몇 번 들고 내리는 사이
　땡땡한 머릿속이 솜사탕처럼 가벼워진다

　위로부터 공간이 숭숭 뚫리는 장

　자유란 이런 것일까

　푸른 숲 아니어도 편안하고 시원한 바닥

　온전한 비움을 위해

　잠시 원목 의자에 앉아 생각한다

〈
정리의 끄트머리엔 과연
어떤 새로운 풍경이 기다릴까

## 오후가 던진 저녁

한 줌 싸늘한 바람이 날아든다

응달진 비탈길 걷고 있다

어지럽게 떨어지는 플라타너스

저녁 길에 갇혀버린 채

무성한 발길에 으스러진다

희미한 가로등도 외면하고

헤드라이트 불빛에 깔려

남루마저 벗어던진 나무

황급히 부는 칼바람에

나는

마지막 발자국을 찍었다

# 2부

# 홍, 시

두툼한 종이에 붉은 마음 가득하다

굴러떨어질 것 같은 얼굴로 잎사귀 한 장씩 넘기고 있다

뒤통수에 바람과 이슬 적시며 걸어온 길

속울음 몇 번 다독거리고

단단했던 심장 풀어 가지에 익은 단어 매달고

숨바꼭질하듯 술래가 되어 숨어있던 가을 찾아 깨운다

달콤한 문장에 조용히 새들이 머물다 떠나고

저녁 입술로 머뭇거리는 동안

마침내

계절의 나락에서 건져 올린 일몰 한 점

## 물의 변주

폭우는 지하에서
반쯤 걸친 지상의 창을 그대로
자물쇠처럼 잠가 버렸다

어둠의 뻘 속에 묻혀 정지된 창

창문을 열기 위한 사투의 흔적은 온통 진흙탕이다

쓰리다, 쿡쿡 찌른다

뒤집힌 물은
골목으로 흘러들었을 때
*무릎보다 낮게 낮게 흘러가야 한다*

　지하에 있을 때 늘 빛을 생각해. 어두컴컴한 지하의 열쇠는 한 줄기 빛이라고 주문처럼 중얼거리지. 어둠은 지하에서 기세등등. 출구의 방향이 좀 틀어지면 불안이 금세 엄습해. 공포를 느끼는 것도 지하세계. 물은 고여서 검게 변하지. 창과 문은 유일한 탈출구. 물이 문을 잠그는 것도 지하에서 일어나는 일. 절망은 한순간에 찾아오고 의식을 달고 살아도 위급할 때만 튕겨

나오는 위기의 흐름은 너무 미약해. 이제, 지하에서 이겨낼 수
있는 것은 오직 쏟아지는 빛과 손길뿐.

  창이, 반쯤 걸린 창이 곱게 닫혀있다고
  바람이나 물방울 그냥 지나친 적 있었는가

  아무렇지 않게 보이는 일상이 뭉게구름 같아도
  때론 폭풍 같은 얼굴 치솟기도 한다

  당신은
  꽉 다문 물의 창처럼 어스름 반쪽 눈으로
  곁을 스치며 산다

  나의 가뭄 든 하루를 단 한 줄이라도 읽으며
  살고 있기나 하는 걸까

# L에게

깜박깜박 얼굴을 본다

어떤 시그널처럼 눈짓하는 거기

굽이치듯 펼쳐지는 횡단보도 중간쯤에서
너에게 가는 길일지 모른다고

*혼잣말이 걸리고*

*슬픈 저녁이었다*

벽을 넘어 능소화 한 잎으로
다가오는 아슬한 시간

눈과 빛 교착되는 서쪽 하늘

붉은 바퀴에 감겨 너의 몸짓이
바람보다 더 빨리 사라진다 해도

*아프지 않은 것은*

〈
우리는 이미 마음속에
이름 하나 새기고 있기 때문이다

# 원점

아침을 여는 남자와
저녁을 닫는 여자로 만나

둥근 고리로 엮이던 우리

다정한 포옹은
서로를 위한 양분이었어

하지만 담쟁이의 커다란 벽을 넘지 못한
당신의 찬 손

들꽃 같은 질긴 인연은
어디로 가버린 걸까

손짓하듯 다가오는 버드나무 아래서
처음같이 설레며

혼잣말이 곧 만남 같아 서성거린다

가슴에 부딪는 바람결에

불현듯
기억 속 골목이 열린다

하나둘 켜지는 가로등 불
끝없는 발길

고고한 물방울 걸린다

노을 한 점 길벗 삼아
돌아오는 길

반짝, 도돌이표 눈동자 살아난다

# 프레스토*

*비가 줄기차다*

창가에 서 있다

소리는 요란한데 그의 얼굴은 흐릿하다

무슨 급한 일이 생긴 걸까

차분히 걸어오는 것이 아직 버거운가 보다
무엇이든 빨라야만 성사되는 줄 아나 보다

나는 지그시 눈 감고
스타카토 음으로 톡. 톡. 톡. 두드린다
한 옥타브 위에서 숨 고르고
아다지오 곡조를 탄다

그가 조금은 가지런해졌을까

어디쯤에서 툭 튕겨 나가는 검지
〈

오만의 속도를 줄이지 않는 것이
특우의 장점이라도 된 듯 부딪히는 파열음

창이 뿌옇게 흐려진다
내 입김이 그를 흩트리고 있다

마디마디 끊어질 때 차가운 몸은
한 발짝씩 먼 사람이 되고

*사선으로 흘러내리는 흰 손*

내 안의 제자리로 찾아가기 위해

천, 천, 히,
백조의 깃털 자락으로 만진다

흑백이 나란히 놓이고 있다


* 프레스토: 악보에서 '매우 빠르게'

## 때때로 나는

점등되는 불빛에
몸과 마음 나누어질 때

백목련이 후드득
비 맞은 듯 통증을 유발한다

*고개 돌린 아픔은*

꽃도 사람도
멍울을 달고 사는 것 같아

아름답다 해도
편안하다 해도

그 틈에 은근히 염증 불거지기도 하고

잔잔하다 생각될 때
모난 돌멩이 날아와 생채기를 내었다

*괜찮아*

〈
손바닥으로 다독거리며
건너가려 해도

어제의 물살은
밀려가지 않고 찬 구멍만 내고 있다

너는 모르지만

*때대로 나는*

해 질 녘이면
가자미처럼 바닥에 가라앉는다는 것을

## 시애틀 공원

사계절 눈동자 고스란히 간직한
공원에 간다

사랑의 손을 탄 공원은 늘
사람이 그리운지
여기저기 벤치가 오붓이 앉아있다

누군가 앉히고 싶어
떠난 빈자리에
우아한 옷자락을 입힌다

때맞춰
들뜬 봄풀이 친절한
음표를 달고 있다

며칠 전 궁 굴리다 만
눈사람 몸뚱이는 어디론가 사라지고

삼월이나 사월쯤에
만나야 할 네가

발그레한 뺨으로 적시고 있다

적요한 마음에
어쩌지 못하는 파도가 일렁일 때

꽃잎처럼 공원에 간다

# 말풍선

가만히 있어도 섬뜩, 스치며 돌아가는
말이 있어, 말 팔랑개비

말속에 헛바람 붙은 듯 빨리도 돌고 돌아

솜이불처럼 푸근한 내게
바람을 일으키네

누군가 흘린 뼈 있는 말이
때로는 돌처럼 보이기도 해
그러다 파편 된 유리처럼 날을 세우네

깊은 생채기 보이지 않아 없는 것 같아도
어느 날 불쑥
송곳처럼 튀어나올 때 있어

그런 날은
어제와 오늘 사이에
그물처럼 뒤엉킨 언어들
〈

잠 못 이루는 밤은 낮을 끌고 와
베개처럼 눕혀 놓네

모로 떨어져 나간 자음 하나가
따개비처럼 자라고 있어

누군가 총알처럼 쏘아 올린 팔랑은
힘이 나서 여기저기 돌아다니면 서로가 모른 척

너는 서쪽으로. 나는 동쪽으로.

팔랑이 엿보는 것 같아
잠시 막을 쳐보기도 하지만 짧은 생각뿐

귀는 입처럼 열어야 할 때 닫고
입은 귀처럼 닫아야 할 때 여는

너의 동심의 팔랑개비는
어디로 간 거니!

## 쿠션인 당신

이태리 가죽 소파에 앉아
둥근 벨벳 쿠션 안고
거뭇한 얼굴로 티브이 보는
당신 모습을 슬몃 보았다

투박한 억센 손이
쿠션 앞에서 공손히 접혀있었다

전용 의자 돼버린 안마의자에 푹 안겨
주무름 버튼 선택하고
온몸 기계손에 맡긴 채
실눈 뜨고 바라보았던 당신

세월 주름이
이마의 물결로 퍼져간다

흰머리 금세 두드러져도 염색하고 나면
이제 막 중년 초입에 든 것처럼
초가을 기운이 돌기도 한다
〈

무심한 표정은 여전히
옆얼굴에 붙어 있다

눈보라가 휘몰아치며 자정 넘을 때도
밖에서 마냥 호탕하게 누비던 활개
엊그제 같은데

난방 안성맞춤 온기 가득한 거실에서
도톰한 추리닝조차 미약했는지
재채기가 들락거린다

오늘 영하의 밤이 짧다고 생각했는데
코끝의 겨울은
되려 깊고 길게 지나고 있었다

## 우산 속 장마

법원 앞

이혼서류에 막 종지부 찍고 나온 듯한
남자와 여자
무표정한 얼굴 두드러진다
모든 짐 내려놨다는 안도의 기색일까

먼저 문 열고 나온 여자가
주춤거리며 발 내딛지 못한다

*밖은 세찬 비가 내린다*

뒤이어 나온 남자의 손엔 검정우산이 들려있다

  옆에 아무도 없다는 듯 주저 없이 우산을 확 펼치고, 물살 치며 성큼 발 내딛는 남자. 등 뒤로 싸늘함이 붙는다. 여자는 무심히 튕기는 빗방울을 비빈다. 여자는 점점 멀어지는 남자를 시원한 빗줄기로 보았을 것이다. 사랑해서 헤어지는 것이라면, 철철 비 맞으며 발이 엉킬 때까지 걸었을 것이리라. 여자는 한참 동안 비 곁에 서 있다. 소통 안 된 우산은 비가 와도 아무 쓸

모 없다는 것을 안다. 그러기에 지금 여자에게 우산은 안중에
도 없다. 차라리 이 비가 남아있는 마음속 찌꺼기 모두 다 쓸고
가기를! 여자의 두 손이 명치에서 모인다. 어깨를 스치듯 지나
가는 사람의 체온이 서서히 느껴지기 시작한다.

  우산을 쓰든 안 쓰든

  앞서거니 뒤서거니 한 방향으로 걷는 사람은 분명
  한 뼘의 끈이 남아있을지 모른다

  연약한 생각을 지우기엔 소낙비가 제격

  연의 끝자락은 이런 것일까

# 롤러코스터

꽃나무 가득한 베란다
거실에서 보면 포근한 뜨락 같아 자주 발길 내딛는 곳

계절 따라 피고 지는 꽃 보기 위해
갈증의 눈빛에 시원한 생수 뿌려주기 위해
흘러가는 구름 들이기 위해

날마다 자라나는 줄기처럼 들락이다 보니
나무는 수북한 잎사귀로 맞이한다

가을볕이 눈부셔 여름내 뒹굴던 이불 모아
사뿐사뿐 콧노래로 빤다 돌돌 말리는 모양이 솜사탕 같아
덥석 안고 당당하게 향한다
노란 슬리퍼를 신고 천장 건조대에 널기 위해 난간에 기댄다
순간, 공포가 엄습한 듯 온몸 조인다

거실 너머 낭떠러지가 산다

백지장 되어 종잡을 수 없는 상상을 탄다

동백꽃처럼 바닥에 닿을 수 있다고

날개 달고 날 수 있다고
잘근잘근 쪼아대는 부리

접힌 이불자락은 흡사 롤러코스터 같아

허리 댄 난간은 정작 제구실 못 하고 가지를 달고 있다

둥근 고무나무 한 그루 등에 지고 이불을 활짝 펼치자
한아름 생명줄 붙든 것처럼 터지는 숨

작은 다육이에서 커다란 해피트리까지
만발 외치는
꽃잎
꽃잎

그러고 보니
나를 받쳐주는 것은 당신 아닌
둥근 나무라니!

한 발짝 옮기면 바로 곁인데
당신은 혼란한 TV를 안고 마냥 태평을 누린다

# 저물녘

돌아앉은 나팔꽃 화단에
어둠이 눕는다

고개 숙인 꽃잎 위
달이 오른다

멀리 보이는 창
신호등 깜박거린다

너의 그리움이
안으로
말리고 있다

적요 속
등 하나 건다

# 후회

북적이는 큰길에서

그를 보았다

잠깐 우물쭈물

돌아보니

거기, 꺾인 골목이었다

# 길

한 사람이 걷고 있다

나무는 길이 되고 발끝으로 길이 열린다

삶은 왜

사람을 홀로 있게 할까

뿌리내리듯 걷고 걸으며 생각이 생각 낳아

가지가 가지 뻗는다

끝이 없다

구부러진 나무는

낙엽 소리 앞세우며 저물어간다

그러는 사이 왼쪽으로 달이 눕고
〈

별이 걸어간다

한 사람이 드 사람 되고

길들이 갈래의 길들이

또, 길을 내야 하는 이유

3부

# 당신에게

아늑하고 한가로운
돌담 사이에 잔잔히 피는
한 송이 꽃이었으면 좋겠네

미처, 눈길 닿지 않는 곳에
다정한 발길 찾아준다면
이 세상 가장
향기로운 꽃이 되겠네

어쩌다 담장 속 그늘로
돌아눕는다 해도

한번 보면
영원히 지지 않는
당신의 눈꽃으로 살겠네

## 그래도 파랑

빗금의 결단으로
풍랑의 자락으로

분분하다

잠시 후 장대비가 후린다
오래 참았던 눈물 터진 것처럼
퍼붓는다

세상을 덮는 물살이 서쪽 구름으로
몰린다

뒤엉켜 풀어내지 못한 저 너머
빗길이
한바탕 소란 떨며
물 꼬리 잡고 두 갈래로 떨어진다

불안은 소리로 들이닥치고

차마 손대지 못한 칠월 넝쿨장미는

꺾일 때까지 꺾여
깊은 수렁이다

성난 빗발 격동하는 길모퉁이에서
이별의 고배 흠뻑 맞았던

그때 그 파랑

너를 향한 눈동자 부서지고 떠나갔지만

여전히 속수무책

너무 지나치다 해도 착각은 자유로워

거센 빗줄기 끌어당기며

순세한 속삭임과 아름다운 해 질 녘은

언제쯤 찾아올까! 눈망울 흠뻑 굴린다

# 스카프


창을 여닫는 생각은 끝이 없고 이어지는 언덕길에
도착했음을 한 다발 붉은 장미가 말해줍니다

코끝의 향기는
이미 몇 개의 봉우리를
넘고 있네요

알록달록 퍼지는 갈등은
서로 앞다투어 나타났다 사라지곤 하여
끝이 없음을 알면서도

*가볍게 아주 가볍게 나서게 됩니다*

우울을 벗어낸 파란 스카프를 두르고
찾아가는 곳이
텅 빈 마음이겠으나

오월의 숲을 품고 있는 당신

때론 푸른 숨결 꽃잎의 나비인 듯

파닥이는 날갯짓에 햇살로 달려가네요

초록이 어둡게 비껴간 오늘

당신의 별난 행동은 고스란히
침묵의 늪으로 발을 들입니다

갈증과 허기가 난무할 때

*쉬폰 스카프가 내 목을 채울 겁니다*

## 나무의 여자

꽃집 앞을 지나며 꽃을 본다

꽃은 화분 용기에 들어앉아
버둥거리듯 흔들리며
가로세로 옥외 정원 꾸민다

점점 휘몰아치는 수채화 물결로
꽃은 흐려진다

새로운 풍경이 열리고 있다

형형색색 바꿔 가는 이파리의 놀라운 변신

그 속에 서면

천지가 일곱 빛깔 같아 저절로 나무의 여자가 된다

날마다 현란한 옷자락 휘날리며 다가오는 걸음

붉은 얼굴로 숨 막히는 침묵과 응시

〈
샛노란 자리에서

당신을 기억하고 나를 눕힌다

흐려한 황홀로 이어지는 수개월의 밤

원색의 파동으로 온몸 감싸는 전율

당신의 호흡은 짧다

서러운은 자정보다 깊고 더 붉다

발끝 살가움은 다시 기다림이 되고 뿌리가 된다

오래오래

다채로운 빛깔로 울타리를 치는

당신의 서쪽 방

# 오월 섬

꽃샘추위에 파도치는 말 말 말

방향 잃고 정지된 목선 한 척
유리창 바닥에 그늘 우거진다

소란스런 입술 끝에서
헛웃음의 공허한 자락 날아들고

울창한 숲 어귀에서 웅크리는 까마득한 바다

당신과 나

무관심 깔린 사이

안개는 싸늘한 눈동자 달고 틈 노린다

메마른 손길로 간다면 가게 된다면
얼마나 많은 급물살 더듬어야 할까

칠흑이 에워싸는 창

반짝이는 별들 지쳐 잠들었는가

초록의 숨결 사라지기 전에 다다르자

살아서 펄떡거리는 풀의 속력으로

당신과 내가
기어이 건져 올려야 할

뜨거운 섬 하나

## 장미화

여름내 그리웠던
그대의 눈길

땡볕 울타리에 올라타기도 하고
늦은 밤 가로등 불빛 아래서
불쑥 나타나기도 한다

바람 불고 세찬 빗줄기에 온몸 부서져 내릴 때도
아무렇지 않은 듯 곁에 있다

햇빛에 누울수록 타는 가슴은
그대 향한 열망

참을 수 없는 본능 앞에서
파도 같은 연민은
계절이 바뀌어도 식을 줄 모른다

네온사인 유난스런 밤
레드 와인이 글라스 속에서
뜨겁게 출렁거린다

〈
진한 입술 오가는 동안 불꽃 같은 손끝에서
전해지는 미묘한 파장

누월 창가에 기대어
손 뻗는 자리마다 풍만한 와인 잔이 있고
애정은 우물처럼 깊어진다

헤어짐의 자락에서 점점 발효되는
붉은 향취의 그대

*나의 혀끝으로 휘감을 수밖에*

## 일요일 풍경


벽은 언제나 준비가 돼 있어
보이는 벽보다 보이지 않는 벽을 보았니

들판에서나 불법한 바람이
제집인 듯 슬쩍슬쩍 면적을 넓히고 있다

네가 티브이에 눈 박고 때때로 코 고는 소리는
사막의 모래바람 같아서

나는 옆구리 비틀며 구석진 의자에 걸터앉고

틀어진 방향에 일그러진 무늬들

어둠은 시간과 무관하게 흘러내리지

아침 뉴스에 여름 온도 꽤 올랐다는데
너로 인한 한기가 몸을 더듬기 시작하네

쭈뼛거리며 서성대는 징후는 순조롭지 못하다는 것을
벽은 알고 있을까

〈
누군가 제대로 불 켜기 전에는
적막과 암흑

기다려도 두드리지 않는 너의 무정無情

햇살 저무는 개울가를 찾아갔어

발가락 간질이는 여린 물살에도
색다른 표온이 가득 넘쳐났지

노을 순산하는 저녁 하늘은
내게 다양한 바람을 입혀주네

텅 빈 구멍처럼 벽에 붙은 너를

오늘 페이지에
너그러이 담을 수 있겠다

# 11 페이지

시월,
향연은 끝났다

무성한 잎사귀
점점 사그라진다

속으로 삭이던 울음
그리움 된다

붉은 미련이
철새처럼 날아간다

한 줌
잔잔한 불씨 남았지만
그것마저 꺼진다

새바람이 분다

북풍한설 이겨내기 위해
〈

나란히 함께
걷고 있는 너를

오늘이 되어서야 비로소
보이고 있다

# 들판의 민들레

눈동자처럼
너의 마음 볼 수 있을까

볼 수 있다면
언제까지 기다려야 할까

진실한 물길은 얼마나 더
갈고 닦아야 보이는 걸까

고개 꺾인 계절의 틈바구니에
얼룩이 머무는 것은

내 의지와 상관없이
들판의 쓸쓸처럼 물드는 것이다

초라해질수록 말해주고 싶은 은어

오직
다정한 눈빛과 단단한 발목 되어
네 곁으로 달려가고 있음을

알고 있는가

다만
너의 사랑이 조각조각
먼 지평으로 흩어지는 것 같아

너른 들판 어느 한 귀퉁이에서
한 줌 햇살 붙잡고 멀어진 발자국을

세면서
디디면서
오래오래
품으면서

살기 위해 눕는다

별이 눕는다

## 새와 시계


계절 닮은 일상

제각각 모양 달고 크고 작은 일이
꽃망울 터지듯 벌어진다

가야 할 때 가지 못해
끙끙대는 밤이 있고

해야 할 때 하지 못해
금세 더부룩해지는 저녁

어둠으로 내딛는 창
불투명해서

갖가지 멍이 어른거린다

흩어진 사물 곁에는
꺾인 그림자 뒹굴거리며 달라붙는다

느슨하고 흐릿한 불빛이 스며든

발아래 풍경

와르르 무너지는 이름의 문장들
종잡을 수 없는 새

흘러가버리는 시간의 초침을 귀에 꽂고

여섯 시 평온 속에 붙은 색다른 벼랑은 내게

수면의 줄기 마음껏 잡으라 한다

## 단풍이라는 일몰


기다리지 않아도
오고

가만히 바라봐도
벌겋게 달아오르는
너

별안간 날아든
따뜻한 손

내 가슴에 닿은 듯
아찔하고 아득한 절정으로 간다

천지간 물음표 달고 구른다

사락사락 거닐다 멀어지는 숨소리
차갑게 식어버린 눈
처진 어깨에 서늘한 기운 감돈다

쓸쓸히 돌아보니

〈
너는
머나먼 일몰로 누워
씨줄을 남기며 가고 있다

# 콜드 러브

찬 바닥 누른 듯 쓱쓱
몸을 비빈다

차가운 시선으로
강풍의 한 자락 겨드랑이까지 펼친다

땀에 젖은 몸이
금세 건조기에 말린 옷감처럼 뽀송하다

겨울이면 어딘가에 꼭꼭 숨어있다가
우뚝 솟은 북풍으로 폭염과 맞서는 얼굴

수직을 향해 가는 집 안의 습도가
너의 빙수 같은 입김으로 제습된 듯
등허리 시원하게 감싸준다

*다가갈수록 짜릿한 순간 마음껏 느낄 때까지*

속 시원한 청량음료 마신 것처럼
후덥한 생각 산뜻 씻어내고 있다

〈
콜드란

이토록 지치고 축축한 심신을 달콤 상쾌하게
때로는 오싹 소름 돋는 납량물 같은 거라고

요즘 들어 뜨거움 쫓는 내게
기풍의 눈동자로 던지는 말

난,
지금
*차가운 사랑이*
*필요해*

*유턴의 사랑은 이런 것일까*

# 촉석루는 별
-진주성에서


은빛 문을 보았는가

북극성으로 내려앉아

남강의 빛나는 눈동자

풀어진 머릿결로 흐르다 도돌이표처럼 돌아서는

수백 년 전 바람이 분다

살아 숨 쉬는 진주의 물결

높다란 성루는 새들의 안식처

결코 사라지지 않는 노래가 되었으므로

오늘처럼

달빛 머무는 강가에서

〈
점등인의 별로 날아오른다 영영

# 너는 부재중

가을은
소리 없는 발자국으로 온다

초록 입술 지우고
다양한 립스틱 바르며 허공을
화려하게 물들이다

떨어지고
부서지고
사그라진다

때로는
수많은 빛의 물결 속에서
꼼부림이 되기도 하고

이따금
첫 기억의 징표로
고이 간직한 엽서에 입맞춤한다

가을은

소란한 눈물방울이 된다

짧은 햇살 머무는 뜨락에서
살포시 붙잡는 새빨간 손

기미가 보인 듯 수런대는 가지들

너를 향한 그리움
창으로부터 시작되었으니

마른 영혼에 불 지피듯 날아든
알록달록 나뭇잎 편지

사연 하나 시원스레 털어내지 못한 휴일 저녁

점점 부재중인 너

불 꺼진 창 늘어 간다

# 4부

# 저녁 눈동자

아구도 없는 공간

낙조가 기웃댄다

떠가는 구름 사이로 새 한 마리 무늬가 된다

정갈한 식탁 위에 화병이 덩그러니

따갑게 흔들리는 희미한 눈동자

비디오 속 노랫가락은 커다란 소음으로 깔리고

여인초 꽃나무는 밤낮을 잊은 듯 돌돌 말린다

모퉁이 얼굴로 돌아가는 베란다

내게 촛불 하나 켜 볼까

## 쓸쓸하여, 이름 부르고 싶은


주산지 가는 길에 마주치는
산 나무들은
앙상하고 고즈넉했다

흔한 이름조차 동면에 든 것처럼

호흡이 가쁠수록 살얼음이 달리고
차가운 햇살은 동목 사이에서
손이 짧았다

금세 어둠이 밀려들 것처럼

발길 끝자락
아담한 몸으로 허연 배 드러낸 채
꽁꽁 누워있는 수면水面

금방이라도 얼음판 깨물고
장엄한 날개 펼치며 날아오를 것 같은
왕버들의 비경
〈

실오라기 하나 보이지 않는 블랙홀처럼

빈 숲에서 살아난 바람의 근육
은빛살 구르며 내게 달려왔을 때
순간
네 품에 쓰러질 것 같은 야릇한 마음 일렁거렸어

수백 년 전 그 눈짓 찾아온 것처럼

물속 벼랑에서
나뭇잎에 휩싸여 홀로 견디는
저 뿌리의 외침 들어보았니

거대한 침묵 드리운 채 꺾인 가지는
흡사 어떤 시그널 같은 암시를 보내는 듯
숨이 턱 막히기도 하였으므로

나는
눈감고 사방에 귀 열고
창으로 묻고 있었어

〈
한 무리의 소란 오기 전까지

흰 가지에 걸친 눈바람이 머리를 스치며
*저 혼자 2022. 02. 02.*

새날의 이름을 주문처럼 붙이며 휙 날아간다

## 의자라는 노트

오래된 길을 가다가
뜻밖의 나무 의자라도 만나면
한순간 노트를 펼친다

의자 없는 공원은
어두운 종착점

그대여
쉼표와 마침표로 적절히 찍힌
멋스런 의자 하나 만난다면

*철 따라 오가는 문장*
*주저 없이 깃들게 하리*

## 붉은 종점


걷다 보니
기억 속 정거장은
수북한 잎사귀로 덮여있었어요

바위 뒤 또랑은 아무도 오지 않은 듯
숙연히 누워있거나
혼자 구르는 법 익혔나 봐요

*서쪽 구름 속으로 홍시가 푹 익어가요*

수년 전 당신이 보내온 동백꽃 엽서는 매일같이
얼룩으로 일렁거려요

물결이 고여 들면 파도처럼 부서지고 있어요

한나절 걸음 잠시 쌓인 잎에 걸치고
소리 입술 귀에 걸어보네요

흥겨운 바람이 저 혼자 낙엽 세우고
듬직한 음표 달고 있어요

〈
내 발걸음 푸근하게 움직여 가요

발등 위로 점점 오렌지빛 켜지고
떨림과 설렘 두 눈 가득 담고
종점의 발목 지피며 가고 있어요

십 미터쯤 남았을까

당신은 붉은 마당 아늑하게 펼치며

낙조보다 더 깊은 얼굴로 눈물방울 흩날려요

## 잠잠


늦었나 보다

캐리어 끌며
부리나케 나가는 아이

나도 모르게 맨발로
엘리베이터 문 닫힐 때까지 손 흔들었다

뒤돌아선 고요
붉은 바닥으로 깔린다

수 개월간 뒹굴던 채취는
썰렁한 여운으로 문고리에 달랑

헛헛한 그림자
말문 닫고 잠잠이 구른다

잠잠한데

부글거리는 방

〈
거뭇한 잠잠은
어항 속 구피˚마저 수면睡眠에 걸린다

깊어진 생각 더듬어보니

당당하고 야무진 얼굴은 장밋빛이었다

태연한 척 웃으며 손 흔들던 나는

지금

잘잠한 적막을 익히는 중이다

잠잠 속 아침을 먹고 나면

아이 지문이 스며든 네스프레소 기계에서
따끈한 커피를 내리며 은은한 하루를 연다

* 열대어

# 밤낚시

들었다

놓았다

밀려갔다 밀려오는 파도 같은 밤
불면의 습관이 A4용지로 쌓여간다

깨알 글씨로 적셔지는 면
흰 여백 헐렁하게 지워지는 면

정갈한 면들이 점점 구겨지고 접히고 있다

한때 활어로 꿈틀대던 몇 개의 언어가
바닥에 숨죽인 채 일어설 줄 모른다

펜은 멀찌감치 떨어져 나가고

치우친 연필심이 붙잡아 달라고 동공 흔들지만
지우개가 날렵하다
〈

부레가 끊어진 시어들

지그재그로 심란하게 부딪히며 흩어진다

그 끝의 모서리 원통으로 말리고 있다

달무리 달라붙은 천장
빛들이 그림자와 섞일 때

주눅 든 손 마디마디 움츠러든다

먼동이 트기 전 벗어날 수 있을까

# 길 없는 길


잊고 있었다
*긴 긴 세월*

푸른 빛 감도는
오월의 은혜

한평생
어스름 골짜기에서
종종거렸을 그 발길

오래전 땡볕으로 내려앉은 정수리엔
잔주름만큼이나 모진 기억 굳어있는 듯

*길이 없다*

구순의 눈가엔
조각구름도 마치
한 방울 눈물처럼 그렁그렁

다채로운 꽃들과 향기 짙은 푸른 시절

가믈가믈

이제 온몸에 노을 자락 내려앉아
익어가는 길엔

사계의 파도가 빗줄기 되어 흐른다

여기,
녹음을 파고드는 뜨거운 햇살보다
더 찬란한 것

엳룽한 북극성 같은 모정

지금도 내 곁에서

노거수의 품으로 아늑하게 보듬어주는 당신

## 해바라기

어디든 시선 머무는 곳에
목록조차 읽을 수 없는 꽃밭이 펼쳐진다

봄 뒤란 무심히 스쳐 가는 곳에
너의 모습 꼿꼿하다

온기로 가득 앉았을 때
유난스레 웃자란 맵시로 끌어안는다

흔하디흔한 얼굴
전생에 어떤 사연 지녔을까

더듬어 찾아가는 미로에서
가끔 우주 속 유영할 때가 있어

그러다 정오의 해를 보는 순간
지구를 품는 날렵한 눈 되기도 해

그럴 때면 공중에 안착한 듯 두근거려
〈

저문 거리 타다만 담배꽁초 곁에
차갑게 버티고 있는 너를 보았다

허공에 붙어있어 바람이 불기라도 하면
휘청이는 저녁이었어

새로운 그림자 물밀듯 밀려오는 기린 같은 서정은
마치 자라나는 눈동자 같아

너를 보듬는 두 손은 내게
사랑의 쉼표를 부르는 일이다

# 클릭

초침보다 먼저 여닫는 세상 속에
우리는 산다

잊지 않기 위해

익숙하기 위해

날마다 누른다

이토록 간결하고 반들거리는 살갗을 아는가

마주 볼수록 너의 늪에 빠져 온몸 욱신거려도
일어날 줄 모르는 자정이다

한 번의 드래그로 끌고 와
손대면
몽땅 사라진다

하나로 묶여 깜깜나라로

새로운 버전이 열린다

〈
지구 한 바퀴 돌고 오는 것도
단 몇 분이면 충분하듯

처음과 끝이 한자리에 있다

*클릭*
너는 밤처럼 날아갔다

*클릭*
나는 낮처럼 앉아있다

익숙함에 빠져서

오늘은 광클로 알루\* 별을 찾기 위허

우주 속 성좌를 펼쳐내는 새로 한 시


* 2022년 떠난 반려견 이름.

# 시, 선

날마다 시의 집은
서쪽 수평선에서
고요히 닻을 내린다

너는

빨간 눈으로

호젓한 불빛으로

어둠의 침묵으로

달팽이 걸음으로

*느리게*

때론

*번개로*
〈

초승달 베고 누워
밤새 뒤척이며 잠든 하늘 헤맬 때

팔 할의 얼굴 보여주기도 한다

## 무인카페에서 절벽을 보다


저녁 여섯 시, 카페 주방 앞
마지막 주문과 번호를 건넨 뒤 알바생은 퇴근했다

여섯 시 이후는 무인으로 운영되는 카페

천장에 달린 LED 조명이 별빛 같다
프리지아를 피워내는 듯한 실내 풍경
동쪽 창가에 시원한 철제 테이블과 의자
서쪽 창가에 따스한 원목 테이블과 의자
널찍한 중앙자리는
서로를 위한 페브릭 의자가 둥글게 앉아있다

스펀지 같은 폭신한 의자에 기대어
긴 문장을 꺼낸다

정면 높이 CCTV의 시커먼 눈망울이 보인다

꼿꼿하게 더욱 반듯이 어깨를 세운다

조용하고 고요해서

〈
내가 내는 소리에 내가 놀라고

고개를 든다 순간, 나 혼자라는 것

캄캄해진 창밖

불안한 고요는 왜 이리 빨리 찾아올까

흔한 불빛이 어떤 공포 같아 무기력해지는 몸

도대체 아파트 맨 끄트머리 호젓한 이곳에
무슨 심정으로 발 들인 걸까

급한 볼일로 퇴실해야겠다 싶어
유리 벽에 붙은 번호 키를 눌렀다

*에러, 에러, 에러,*

인증 번호 불일치

〈
그때부터 초조는 극으로 치달았다

두려움 밀며 사방의 벽면을 샅샅이 훑고 훑었으나
호출 번호 하나 찾을 수 없었다

커다란 통창에 눈 박고 두 팔 들어 흔들던 그때

어디선가 젊은 여성이 급히 달려와
바깥 번호 키를 눌렀다

온몸 땀투성이가 밤바람에 훅 날아갔다

돌이켜보니
*250분 같았던 시간이 고작*
*25분간의 절벽과* 마주했던 것이다

# 첫눈

별안간
하얀 마음 날아와요

천공의 깃털로
고요를 깔고 누워요

오가는 차량들
일제히 꼬리등 길게 물고
어디론가 하트 치고 있어요

저마다 입술 스며드는지
차창 문 쏜살같이 열려요

아슬한 다리 위에서

만난 첫눈은

떠난 사랑이어서

붉은 눈망울 달고

경적만 쏟아내고 있어요

# 지심도

우리 맞닿을 때까지
적절한 숨결 토해내야 해

서로에게 떠밀리기 전에
잠수타는 여 속에 발 들여 볼까
너울성 손짓이라도 되어 볼까
아니면
저무는 수평선에 창 하나 걸어야 할까

몸 닿을 듯 부비적거리다 이내
곁을 지키지 못한 채 밀려가는
쓰라린 포말은 알까

동백의 숲속 길은
뱃고동 소리로 한바탕 열렸다가
잿빛 골목으로 변해 간다

언젠가 만나고 싶은 한 사람 잔뜩 뿌렸다가
다시 찾아오기 위해
〈

한 발 한 발 내디디면서

*붉은 밀물이 한아름 달려온다*

터널 같은 겨울을 달고 있는 눈동자

두 손 맞잡은 하트 너머 잃어버린 어제가
시퍼런 물살로 굽이친다

되돌아가기 위한

*하얀 몸부림 단단히 펼쳐 놓는다*


\* 여 : 물속에 잠겨 있는 바위섬. 썰물 때 드러남.

# 은행나무 역

조용한 길에서 만나는 가로 등불이
따스하게 익어가고 있다

마치 깊은 숨결 스며있는 듯
포근히 앉은 반그늘이 더없이 다정하다

나무와 나무 사이

온전한 황금알 품고 있는 것 같아
덜컹, 밑동이 소스라친다

한 칸 두 칸 발자취가 묻어난다

인정을 느끼며 바쁘게 걸어갔을 누군가와
고독을 동그랗게 끌어안고 허리 구부렸을 또 누군가가
지나간 자리에 수묵 그림자 어른거린다

달빛 가지에 샛노랗게 피어나는 얼굴

당신 체취를 끼고 달리는 것은

바위 하나 안고 가는 것 같아
부딪히고 깨지는 일이 수두룩했다

그럴 때면
그이 접어 봉인해 둔 나비페이지를 펼친다

차창에 늗리는 그리움 커갈수록
바퀴는 늦가을 휘감은 채 돌고 돌아
얼룩으로 번지는 비탈

이제 곧
하차의 시그널이 보이는 호젓한 역에서
노란 마침표를 찍고
천년 사랑으로 뿌리내리고 싶은,

■□ 해설

# 언어 예술로서의 시,
# 빛을 활용한 희망의 응원가
- 이정숙의 시 세계

권 온(문학평론가, 문학박사)

## 1.

이정숙은 2015년에 시인으로 등단하였고, 시집 『뒤돌아보면, 비』를 출간한 바 있으며, 시 낭송가로서도 빼어난 활동을 보여주고 있다. 또한 작가로서 칼럼을 연재하며, 심사위원으로서 활동하는 등 시, 문학, 예술 영역 전반에서 펼쳐지는 이정숙의 성실한 활약은 대단하다. 그녀는 시와 연결된 문화콘텐츠를 적극적으로 수용하고 활용하는 시인이다. 모든 예술은 인생이라는 삶을 해석해내고 의미화한다. 시인은 단어가 단어에 가 닿는 언어 예술로서의 시 속에 '오늘'이라는 구조물을 쌓아 생활 풍경을 담는다.

새 시집 『오늘이라는 방』은 제목에서부터 독자들에게 유의미한 질문을 던진다. "오늘"은 무엇인가? "방"이란 또 무엇인가? 또한 '오늘'이라는 이름의 '방'을 어떻게 이해하는 게 좋을까? 필자가 보기에 '오늘'은 시간이고, '방'은 공간이며, '오늘'이라는 이름의 '방'은 시간과 공간을 아우르는 시공(時空)이다. 우리가 이 시집을 읽는다는 것은 "오늘이라는 방" 또는 시인이 설정한 '시'의 세계를 향한 모험의 길에 들어섬을 뜻한다.

아득한 삶을 의미화하는 작품 안에서 빛나는 별을 찾는 모험을 하는 동안 시인은 감정을 강요하지 않는다. 잔잔한 고백의 형식을 그냥, 가만히, 유심히, 들여다보게 만든다. 생활을 그림처럼 그려내고 있기 때문인 걸까. 헝가리 출신 도예가 이바 지젤(Eva Zeisel)은 아름다운 것을 어떻게 만드냐는 질문 앞에서 "그저 방해만 하지 않으면 된다"라는 말을 남겼다. 이정숙은 모든 감각을 열어놓고 생각을 방해하지 않는다. 자세히 들여다보다가 어느 순간 더 깊고 다양한 생각에 다다른다.

생생하게 살아있는 감정의 모습을 보여주는 이정숙은 복잡하고 난해한 시적 대상보다는 단순하고 진솔한 시적 대상으로서 공감과 감동을 이끈다. 그의 시가 독자의 사랑을 받는 이유를 이번 시집에서도 충분히 찾아볼 수 있다. '오늘이라는 방'에서 삶을 횡단하는 섬세한 빛이 어떤 본질에 닿아있는지 묻고 또 묻는다.

2.

이정숙의 시적 사유에는 여백과 틈이 존재한다. "온전한 비움을 위해"(「신탁한 정리」) 생각과 생각 사이에 공간을 늘려간다. "서로가 서로를 잊어버리고(「오늘이라는 캉」) 지나온 시간을 "버리고 지우니 모든 것이 자유"(「순방향」)로워진다. 결국, 돌고 돌아서 돌아가게 되는 본질로 삶에 대한 의미를 찾아준다. 우리가 무심코 지나칠 수 있는 일상의 순간들을 시적 언어로 담아낸 표현이 푸르고 깊고 아름답게 그려진다. 시인은 몽환의 빛보다 자연의 빛을 선호한다. 그의 과거이자 미래를 열어주는 애틋한 빛을 따라가 보자.

> 사월 초순의 하늘은
> 
> 온통 당신 얼굴로 벙글거려요
> 
> 언뜻 보이는 파랑은
> 
> 마치 한 채의 쉼터 같아 눕고 싶어요
> 
> 흩날리는 생각은
> 
> 경쾌한 콧노래로 내려앉아

뒹굴뒹굴 굴러다녀요

더디 가는 햇살은

그늘 속 춤사위를 펼쳐요

서로 몰라 거리 두던

나무와 나무가

오래된 친구처럼

손에 손잡고 마냥 푸르른 날 누리네요

당신과 내가 웃음으로

하나 되어 가는 길목이 보여요

어쩌면 저 길 끝에는

고흐의 별과 모네의 수련과 비발디의 사계가

뒤섞이겠으나

그래도 꽃잎 만발한 자리는

무수한 사연들이 생동 있게 출렁거려요

가끔 변덕스러운 바람의 말에

귀 기울이다 시원하게 반해버린

아늑한 오후 세 시

포근히 기댄 가지 사이로

흐르는 꽃구름은

우리가 꾸는 내일의 보금자리일까요

- 「벚꽃 아래서」 전문

 이 시의 배경에는 풍성한 자연이 위치한다. "벚꽃", "하늘", "햇살", '나무', "꽃잎", "바람", "가지", "꽃구름" 등이 형성하는 "푸르른 날"은 시적 화자 '나'와 "당신"을 감싼다. "우리" 앞에는 빛나는 햇살과 향긋한 꽃잎을 닮은 희망의 길이 펼쳐지고 있다. 시는 자연과 인간을 이해하는 것에서 출발한다. 그런 관계 속에서 새롭게 바라보는 시인의 시선이 넘치지도 부족하지도 않은 적당한 거리를 유지하고 있다.
 이정숙의 이번 시를 빛내는 요소들은 다양하다. 시인의 시는 "콧노래"나 "춤사위"와 연결되고, '고흐의 별', '모네의 수련', '비발디의 사계' 등과 접속한다. 곧 '미술'과 '음악', '노래'와 '춤' 등 예술과 문화의 다양한 영역들이 소통하고 교류한다. 이 시는 자연, 예술, 문화 등과 긴밀하게 결속된 삶을 형상화한다는 점에서 매력적이다.
 지그시 눈을 감고 곁을 맴도는 대상들을 느끼듯 시인은 "고요한 물방울 걸린"(「원점」) 이미지를 찾아 그려낸다. 낯익은 것 내부에서 낯선 것을 형상화하면서 삶의 징후를 포착해낸다. 시인에서 시가 써진다는 것은 어떤 느낌일까. 행복으로 일렁이는 섬광과 같은 빛이 생기는 지점을 다음 시에서 보여준다. 홍시처럼 잘 익은 시 하나를 베어 물 수 있는 계절을 만날 수 있다.

두툼한 종이에 붉은 마음 가득하다

굴러떨어질 것 같은 얼굴로 잎사귀 한 장씩 넘기고 있다

뒤통수에 바람과 이슬 적시며 걸어온 길

속울음 몇 번 다독거리고

단단했던 심장 풀어 가지에 익은 단어 매달고

숨바꼭질하듯 술래가 되어 숨어있던 가을 찾아 깨운다

달콤한 문장에 조용히 새들이 머물다 떠나고

저녁 입술로 머뭇거리는 동안

마침내

계절의 나락에서 건져 올린 일몰 한 점

- 「홍, 시」 전문

  이번 시를 구성하는 요소들을 두 개의 계열로 구분할 수 있다. 하나는 "홍" 계열이고, 다른 하나는 "시" 계열이다. 우선 '붉음'을 의미하는 '홍' 계열은 "붉은 마음", "속울음", "가을", "일몰" 등의 어휘와 함께 확산된다. 다음으로 '문학'과 '예술'을 뜻하는 '시' 계열은 "종이", "한 장", "단어" "문장" 등의 어휘와 함께 심화한다.

  이 작품에는 '자연'을 구성하는 다양한 표현도 등장한다. 곧 "바람", "이슬", "가지", "새들" 등의 '자연' 관련 어휘는 '홍' 계열의 어휘와 '시' 계열의 어휘를 아우르며 조화로운 세계를 지향한다. 이 시의 제목 「홍, 시」는 '홍(紅)'과 '시(詩)'의 연결이면서 동시에 '홍시(紅柹)'가 된다. 곧 '붉음'과 '예술'의 통합은 둘렁하게 잘 익은 감으로서의 '자연'이 된다. 그리고 3연에 제시되는 "길"은 이정숙에게 주어진 '삶' 또는 '인생'의 행로를 의미한다. 마지막 연에 형상화한 "일몰 한 점"은 잘 익은 '홍시 한 알'이자, 잘 쓴 '시 한 편'이다.

돌아앉은 나팔꽃 화단에

어둠이 눕는다


고개 숙인 꽃잎 위

달이 오른다


멀리 보이는 창

신호등 깜박거린다


너의 그리움이

안으로

말리고 있다


적요 속

등 하나 건다

- 「저물녘」 전문

   짧은 호흡 속에서도 긴 여운을 남기는 시가 여기에 있다. "나팔꽃 화단"의 "꽃잎"과 "멀리 보이는 창"이 형성하는 고즈넉하고 아늑한 분위기가 일품이다. 이 시를 구성하는 요소들을 크게 두 개의 계열로 구분하자면 하나는 '빛'의 계열이고, 다른 하나는 "어둠"의 계열이다. '빛'의 계열에 해당하는 어휘로는 "달", "신호등", "등 하나" 등이 위치하고, '어둠'의 계열에 속하는 어휘로는 "어둠"과 "적요"가 제시된다.

 '달', '신호등', '등 하나' 등 이 시에 등장하는 '빛' 계열 어휘는 너무 밝고 강렬한 빛을 발산하는 대신 은은하고 잔잔한 빛을 내보낸다. 어둠, 적요 등 이 시에 등장하는 '어둠' 계열 어휘는 시각적이고 청각적인 측면에서 다소곳한 분위기를 형성한다. 이번 시의 제목인 "저물녘"은 4연 1행의 단어 "그리움"과 연결되면서 "너"라는 인물을 소환한다. 경계의 시간으로서의 '저물녘'을 형상화한 이정숙의 이 작품은 시인 박용래가 시 「저녁 눈」에서 언급하였던 "늦은 저녁때 오는 눈발"의 시간, 공간, 색채 등을 연상시킨다.

  한 사람이 걷고 있다

  나무는 길이 되고 발끝으로 길이 열린다

  삶은 왜

사람을 홀로 있게 할까

뿌리내리듯 걷고 걸으며 생각이 생각 낳아

가지가 가지 뻗는다

끝이 없다

구부러진 나무는

낙엽 소리 앞세우며 저물어간다

그러는 사이 왼쪽으로 달이 눕고

별이 걸어간다

한 사람이 두 사람 되고

길들이 갈래의 길들이

또, 길을 내야 하는 이유

- 「길」 전문

　이 시는 "한 사람이 걷고 있는 "길"에 대해서 이야기한다. 누군가의 길을 교사하는 이 시는 반복을 지향한다. 이 작품의 반복은 전방위적으로 진행된다. "사람"의 반복, "길(들)"의 반복, "나무"의 반복, "가지"의 반복, "생각"의 반복 등이 제시된다. 반복은 또 삶의 본질을 찾아가는 길을 상징한다. 그리고 "나무는 길이 되고 발끝으로 길이 열린다"라는 구절에서 나무가 길이 되어서 걷는 과정의 이미지는 깨달음과 성장을 나타낸다. 이정숙은 "삶은 왜 // 사람을 홀로 있게 할까"라는 질문에서 생각이 점점 깊어지는 모습을 묘사하면서 자신의 내면을 탐구하고, 자신의 존재와 삶의 의미를 발견해 나가고 있다.

　이정숙이 다양한 어휘를 활용하여 반복에 집중하는 이유는 리듬감 또는 음악성을 활용하여 시의 본질을 찾기 위해서이다. 7연의 "끝이 없다"와 14연의 "또" 역시 시인의 반복 지향을 심화한다. 그녀는 3연의 "왜"와 14연의 "이유"를 도입하면서 3연의 "삶"을 향한 질문과 대답을 실천한다. 또한 이정숙이 나아가는 삶의 길과 시의 길은 '나무'와 "달"과 "별" 등이 구성하는 자연과 빛나는 조화를 이루며 길게 뻗어나가는 중이다.

벽은 언제나 준비가 돼 있어

보이는 벽보다 보이지 않는 벽을 보았니

들판에서나 볼법한 바람이

제집인 듯 슬쩍슬쩍 면적을 넓히고 있다

네가 티브이에 눈 박고 때때로 코 고는 소리는

사막의 모래바람 같아서

나는 옆구리 비틀며 구석진 의자에 걸터앉고

틀어진 방향에 일그러진 무늬들

어둠은 시간과 무관하게 흘러내리지

아침 뉴스에 여름 온도 꽤 올랐다는데

너로 인한 한기가 몸을 더듬기 시작하네

쭈뼛거리며 서성대는 징후는 순조롭지 못하다는 것을

벽은 알고 있을까

누군가 제대로 불 켜기 전에는

적막과 암흑


기다려도 두드리지 않는 너의 무정無情


햇살 저무는 개울가를 찾아갔어


발가락 간질이는 여린 물살에도

색다른 표온이 가득 넘쳐났지


노을 순산하는 저녁 하늘은

내게 다온한 바람을 입혀주네


텅 빈 구멍처럼 벽에 붙은 너를


오늘 페이지에

너그러이 담을 수 있겠다

- 「일요일 풍경」 전문

시적 화자 '나'는 긴밀한 관계에 놓인 인물인 '너'와 함께 "일요일 풍경"을 생산한다. '일요일'은 휴일, 공휴일, 온공일 등의 이름으로도 불리는 특별한 날이다. 다수의 사람들이 편안한 쉼을 허락받은 날이기에 일요일은 특별하다.

그런데 특별한 날을 향한 일반적인 기대와는 달리, 이정숙이 제공하는 일요일 풍경을 뜯어보니 편안한 쉼이 눈에 띄지 않는다. '나'의 입장에서 평화롭고 편안한 일요일을 망친 주범은 '너'일 수 있다. 시인은 이 시에서 "벽"이라는 단어를 반복적으로 사용하는데, '벽'은 '나'와의 원활한 소통을 거부하는 '너'를 가리키는 용어이다. '나'에게 '너'는 "사막의 모래바람"이자 "구석진 의자"며 "일그러진 무늬들"이다. '나'는 "한기"를 내뿜으며 "텅 빈 구멍처럼 벽에 붙은 너를", "보이지 않는 벽"으로 생각한다. '너'는 '나'에게 "적막"이자 "암흑"이며 "무정無情"의 대상이다. 요컨대 '너'와 연결되는 일련의 어휘는 일요일의 부정적 측면 또는 "어둠"을 뜻한다.

반면 이정숙이 기대하는 일요일 본연의 풍경은 이 시의 11연 ~13연에 위치한다. 그것은 "햇살"이자 "개울가"이고 "물살"이다. 그것은 "노을"이자 "저녁 하늘"이며 "바람"이다. 시인의 심신을 정화하는 일요일 풍경은 "평온"을 지향한다. 이정숙이 이 작품에서 추구하는 '일요일 풍경'에는 프랑시스 퐁주의 「일요일 또는 예술가」 또는 김언의 「토요일 또는 예술가」를 연상시키는 신선미가 있다.

  은빛 문을 보았는가

  북극성으로 내려앉아

  남강의 빛나는 눈동자

  풀어진 머릿결로 흐르다 도돌이표처럼 돌아서는

  수백 년 전 바람이 분다

  살아 숨 쉬는 진주의 물결

  높다란 성루는 새들의 안식처

  결코 사라지지 않는 노래가 되었으므로

  오늘처럼

〈

달빛 머무는 강가에서


점등인의 별로 날아오른다 영영

- 「촉석루는 별-진주성에서」 전문


 오랜 역사와 세월, 특정 지역과 장소와 공간이 제시되는 시가 여기에 있다. 이 시에는 "진주", "진주성", "촉석루", "남강" 등이 환기하는 시간과 공간 그리고 이곳에 잠재되어 있는 인간에 대한 이야기가 충만하다.

 이 작품을 이끄는 대표적인 어휘를 '빛' 계열로 규정할 수 있다. "별", "은빛 문", "북극성", "빛나는 눈동자", "달빛", "점등인" 등으로 구성된 '빛' 계열 표현은 '진주'의 빛나는 역사와 자연과 인물을 아우르는 요소들이다. 필자는 독자들에게 8연의 "결코 사라지지 않는 노래"와 11연의 "영영"으로 구체화되는 이 시의 영원성과 현재성에 주목할 것을 제안한다. 우리가 4연의 "풀어진 머릿결"에서 '논개'의 이름을 떠올릴 수 있다면, 촉석루와 진주성과 남강은 언제까지나 그곳에 머무를 것이다.


 늦었나 보다

캐리어 끌고

부리나케 나가는 아이


나도 모르게 맨발로

엘리베이터 문 닫힐 때까지 손 흔들었다


뒤돌아선 고요

붉은 바닥으로 깔린다


수 개월간 뒹굴던 체취는

썰렁한 여운으로 문고리에 달랑


헛헛한 그림자

말문 닫고 잠잠이 구른다


잠잠한데


부글거리는 방

거뭇한 잠잠은

어항 속 구피마저 수면睡眠에 걸린다

깊어진 생각 더듬어 보니

당당하고 야무진 얼굴은 장밋빛이었다

태연한 척 웃으며 손 흔들던 나는

지금

잠잠한 적막을 익히는 중이다

잠잠 속 아침을 먹고 나면

아이 지문이 스며든 네스프레소 기계에서

따끈한 커피를 내리며 은은한 하루를 연다

― 「잠잠」 전문

이정숙은 "잠잠"에 몰입한다. 이 시의 제목과 본문에는 '잠잠'

또는 '잠잠'의 활용형이 도합 6회 사용되고 있다. '잠잠'은 '잠잠하다'의 어근인데, '잠잠하다'에는 소란하지 않고 조용하다 또는 말없이 가만히 있다, 라는 의미가 내재되어 있다.

'잠잠'이 지배하는 이 시에는 시적 화자 '나'와 "아이"가 주요 인물로서 등장한다. '나'는 '아이'를 배웅하며 "맨발로/ 엘리베이터 문 닫힐 때까지 손 흔들었다" 아마도 '나'와 '아이'는 부모와 자식의 관계에 위치할 테다. 4연 1행의 "뒤돌아선 고요", 5연 2행의 "썰렁한 여운", 6연 1행의 "헛헛한 그림자", 14연의 "잠잠한 적막" 등을 종합할 때, '나'는 '아이'와의 작별 앞에서 어떤 쓸쓸한 감정을 경험한다.

시인은 '잠잠'과 '잠잠'의 활용형을 반복적으로 사용하고, '고요'와 '적막'의 분위기를 도입함으로써 '나'와 '아이'의 분리 상황을 강조한다. 언어를 향한 이정숙의 집중은 반복과 집중과 유희의 성격을 아우른다. 또한 4연 2행의 "붉은"과 11연의 "장밋빛"에 제시되는 색채는 16연 2행의 "따끈한 커피를 내리며 은은한 하루를 연다"라는 마지막 진술과 연결되면서 삶을 향한 긍정성을 고취한다는 점에서 돋보인다.

들었다

놓았다

밀려갔다 밀려오는 파도 같은 밤
불면의 습관이 A4용지로 쌓여간다

깨알 글씨로 적셔지는 면
흰 여백 헐렁하게 지워지는 면

정갈한 면들이 점점 구겨지고 접히고 있다

한때 활어로 꿈틀대던 몇 개의 언어가
바닥에 숨죽인 채 일어설 줄 모른다

펜은 멀찌감치 떨어져 나가고

치우친 연필심이 붙잡아 달라고 동공 흔들지만
지우개가 날렵하다

부레가 끊어진 시어들
〈

지그재그로 심란하게 부딪히며 흩어진다

그 끝의 므서리 원통으로 말리고 있다

달무리 달라붙은 천장
빛들이 그림자와 섞일 때

주눅 든 손 마디마디 움츠러든다

먼동이 트기 전 벗어날 수 있을까

- 「밤낚시」 전문

   시인은 한 편의 시를 제작하기 위해서 셀 수 없는 노력을 기울인다. 이정숙에 의하면 시의 탄생은 '밤'에 이루어진다. 그녀가 제안하는 "불면의 습관"과 "밤낚시"는 시 쓰기 또는 시작(詩作)을 가리킨다.

   시인이 이 시에서 활용하는 "A4용지", "깨알 글씨", "흰 여백", "언어", "펜", "연필심", "지우개", "시어들" 등의 어휘는 시 쓰기로서의 '밤낚시'를 구현하는 요소들이다. 곧 이정숙은 '펜'이나 '연필심'을 사용하여 'A4용지'에 '언어' 또는 '시어들'을 '까알 글씨'

로 쓰거나 '지우개'로 지운다. 'A4용지'에서 '깨알 글씨'로 새겨지지 않은 공간은 '흰 여백'으로서 기능하면서 그것 자체로 시 쓰기의 일부가 된다.

이정숙의 이번 시가 개성적인 작품으로서 독자들에게 전달된다고 할 때, 그 개성은 언어의 은유적인 용법과 무관하지 않다. 그녀는 이 시에서 "파도", "활어", "부레" 등의 어휘를 도입하는데, 이것은 작품의 제목인 '밤낚시'와 연결되면서 시 쓰기를 낯선 방식으로 활성화한다. 시인은 "파도 같은 밤", '활어'라는 이름의 '언어' 또는 '시어들'을 물고기처럼 낚으려고 고군분투하는 것이다. 그리하여 이정숙에게 주어진 '불면의 습관'은 좋은 시를 향한 '불멸의 습관'이 된다.

    날마다 시의 집은

    서쪽 수평선에서

    고요히 닻을 내린다

    너는

    빨간 눈으로

    〈

호젓한 불빛으로

어둠의 침묵으로

달팽이 걸음으로

*느리게*

때론

*번개로*

초승달 베고 누워
밤새 뒤척이며 잠든 하늘 헤맬 때

팔 흙의 얼굴 보여주기도 한다

  - 「시, 선」 전문


 이 시의 이해를 돕기 위해서는 앞에서 점검한 두 편의 시 곧 「홍, 시」와 「밤낚시」를 소환해야 한다. 우선 시의 제목 「시, 선」은

「홍, 시」의 경우와 비슷하게 파악할 수 있다. 이번 시는 제목에 '시'를 포함하고 있는데 여기에서의 '시'는 일차적으로 '詩'를 의미한다. 또한 '시'와 '선'이 결합하여 '시선'을 구성하게 되는데, 이것은 시를 뽑아 모은 책 또는 "시의 집"으로 해석되거나 눈의 방향에서 기원하는 어떤 주의나 관심을 의미한다.

「밤낚시」가 "언어" 또는 "시어들"을 지향하였듯이, 이 시는 '시의 집' 또는 '시'를 탐색한다. 또한 「밤낚시」에는 "달무리", "빛들", "먼동" 등의 '빛' 계열 어휘가 있고, 이번 시에도 "빨간 눈", "불빛", "초승달" 등의 '빛' 계열 어휘가 등장한다. 특히 이 시의 경우, "서쪽 수평선"→"빨간 눈"→"어둠"→"초승달" 등의 연결이 인상적이다. '저녁'에서 '밤'으로 넘어가는 시간의 흐름을 시각적으로 훌륭하게 포착하고 있기 때문이다. 또한 이정숙이 이번 시에서 추구하는 "팔 할의 얼굴" 또는 시의 본질은 초승달의 은은한 빛처럼 우리에게 스며들 것이다.

### 3.

이정숙이 품고 있는 호흡의 결을 가만히 따라가 보면 머무르거나 떠나는 연하(煙霞)에 닿는다. 삶의 내밀함 속에서 "꺾인 골목"(「후회」)이 있어도 "적요 속/ 등 하나"(「저물녘」) 걸어둘 수 있는 희망이 있어 시인의 '시'와 '삶'에 "새로운 풍경이 열리고 있다"(「나무의 여자」)라는 시집이 되어준다. 우리는 미지의 움직임을 기꺼이 받아들이면서 삶의 속성을 깨닫는다. 어떤 마음은 차갑고, 어떤 마음은 뜨겁지만 그래도 마음이 깃든 대상을 숨길 수는 없다.

오랫동안 숨어있던 잠든 별을 깨우듯 이번 시집의 핵심 어휘를 찾으면 "시", "시어", "언어", "빛" "삶" 등을 꼽을 수 있다. 시인은 「홍, 시」와 「시, 선」등의 작품을 통해서 언어 예술로서의 시를 지향한다. 또한 「벚꽃 아래서」에서 볼 수 있듯이 시인의 시는 '고흐', '모네', '비발디' 등의 미술과 음악을 향한 열망도 포괄한다.

이번 시집어 제시되는 그녀의 시편에는 '빛'과 관련된 어휘가 다수 출현한다. 이정숙은 「저물녘」, 「촉석루는 별-진주성에서」, 「밤낚시」, 「시, 선」 등의 시편에서 '빛' 계열 어휘를 포괄적으로 활용함으로써 어떤 효과를 의도한 것일까?

데스몬드 투투(Desmond Tutu)는 '빛'과 관련하여 다음과 같이 언급한 바 있다. "모든 어둠에도 불구하고 빛이 있음을 볼 수 있다는 것이 희망이다.(Hope is being able to see that there is light despite all of the darkness.)" 우리가 데스몬드 투투의 언급에 동의한다면, 이정숙의 시는 '어둠'과 대비되는 '빛'을 활용한 희망의 응원가가 될 수 있다. 또한 그녀의 시는

'삶'을 향한 멈출 수 없는 전진을 의미한다. 필자는 앞으로 '시'와 '삶'을 향한 시인의 치열한 도전이 더욱 넓고 크게 뻗어나가기를 진심으로 기원한다.